AF454608

L'INCONNU,

PREMIER

BALLET

DANSÉ PAR SA MAJESTÉ,

Dans son Palais des Tuilleries,

Au mois de Fevrier 1720.

DE L'IMPRIMERIE

De Jean-Baptiste-Christophe Ballard,
Seul Imprimeur du Roy pour la Musique,
A Paris, au Mont-Parnasse.

M. DCC XX.

Par exprès Commandement de Sa Majesté.

L'INCONNU,

BALLET.

PREMIERE ENTRÉE.

Le Théâtre repréfente un Jardin.

L'AMOUR, LA JEUNESSE & leur fuite
forment cette Entrée.

LE ROY

Y paroît fur un Trône,

Et fix jeunes Seigneurs tenant des Guirlandes , repréfen-
tant les PLAISIRS & les AMOURS, danfent
au tour du Trône.

A ij

L'INCONNU,

Les ORDONNATEURS *de la Fête*,

Le Marquis de Villeroy , & le S^r. Balon.

PLAISIRS *Suivants de* LA JEUNESSE.

Les Marquis de Gondrin, & de Château-neuf,

Les Marquis de Cruſſol, & de Maulevrier.

AMOURS,

Les Marquis de Bellefond, & de la Chaiſe.

Un des CONDUCTEURS *de la Fête*,

Le S^r. Muraire chante l'Air qui ſuit.

AIR ITALIEN.

LES VIOLONS.
BASSE-CONTINUE.
SI lietto si contento, A tuoi lacci amor dono

Dono la liberta,   A tuoi bei lacci amor,   Dono la
liber- ta,
La

liberta
Dono la
liber. ta.
Si. lietto si con-
tento,   A tuoi bei lacci amor,   Dono,
Dono là liber-

A tuoi bei lac- ci a-mor,
Dono la li- ber- ta, la liber- ta.
A tuoi bei lac- ci a-mor

BALLET.

L'INCONNU,

Stringi mi pur il cor, Stringi mi pur il cor,
Gioia sara il tormento il sen d'una Belta.
Gioia sara il tormen-

Les PLAISIRS, les AMOURS, & les Suivants
de la JEUNESSE continuent leurs Danfes :

Enfuite Mademoifelle Burry , l'une des Suivantes
de la JEUNESSE , chante cet Air.

Gay & gratieux·   A I R.

REgnez sans partage, Dieu jaloux des cœurs;
Regnez sans partage, Dieu jaloux des
cœurs; De nôtre escla- vage, Formez les douceurs. Régnez sans par
Doux.

tage, Dieu jaloux des cœurs; De nôtre escla-
vage, Formez les douceurs. Règnez
Doux.
sans par- tage, Dieu ja- loux des cœurs.

Beautez qui voulez ê- tre heu- reuſes ,
Fuyez l'éclat dans vos plaiſirs: Ne ſoyez point ambiti- euſes,

Et l'aiffez à l'Amour regler tous vos de-firs. Et laiffez à
l'A- mour regler tous vos defirs. Regnez,
DOUX
VIOLONS.
Régnez fans partage , Dieu jaloux des cœurs.
BASSE-CONTINUE.
Régnez fans par- tage, Dieu ja-

loux des cœurs; De nôtre escla- vage, Form z les douceurs, Ré-
gnez sans partage, Dieu jaloux des cœurs; De
Doux.
nôtre escla- vage, For- mez les douceurs. Régnez
Doux.

BALLET.

fans partage', Dieu ja-loux des cœurs.
6 7
6 6 6
Régnez ,
Tendrement.
7 6 7 7 7 5
Régnez fans par- tage, Dieu jaloux des cœurs.
6 6 6 7
6

C

 L'INCONNU, BALLET.

Aprés l'Air, LE ROY danse seul.

Les PLAISIRS, les AMOURS avec les Suivants
de LA JEUNESSE, se réünissent pour terminer
cette Entrée, par leurs Danses.

FIN DE LA PREMIERE ENTRE'E.

DEUXIÉME ENTRÉE.

LE THEATRE REPRÉSENTE
un Buffet magnifique.

On voit paroître C o m u s , & sa suite.

Troupe de B e r g e r s & de B e r g e r e s.

B e r g e r e , *dansant seule* , Melle. Provôt.

B e r g e r s,	B e r g e r e s.
Les S^{rs}. Marcel.	M^{elles}. Menés.
Du Moulin.	De la Ferriere.
De Laval.	De Lastre.

B e r g e r e *qui chante l'Air suivant*, Melle. Antier.

L'INCONNU,

AIR.

Régnez, Régnez tour à tour sur nos a- mes:
Combattez à qui de vous deux Fait mieux aimer, ou fait mieux
boi- re: Mais, sans vous desu- nir,

difputez-vous la gloi-   re De
rendre vos Sujets heu-   reux. Difputez-vous la gloi-   -
-        -   -   re De

Aprés cet Air , tous les Bergers & les Bergeres danſent enſemble pour terminer cette Fête.

FIN DE LA DEUXIE'ME ENTRE'E.

TROISIÉME ENTRÉE.

LE THEATRE REPRÉSENTE
le même Jardin.

Monfieur LE DUC DE CHARTRES, danfe feul
dans cette Entrée.

Troupe de BOHEMIENS,

Le Prince de Turenne , les Marquis de Villeroy,
d'Alincourt, de Lorge , de Coffé , de Villars, de Coigny,
de Charlu , de Befon , de Renel , de Langeron,
de Croiffy , de Bellegarde , M^{rs}. de Chambona , Law,
& le S^r. Balón.

Aprés quelques Danfes , une BOHEMIENNE,
Mademoifelle Bury chante la Sarabande.

SARABANDE.

Les Danfes continuent:

Enfuite la BOHEMIENNE chante l'Ariette cy-aprés.

D

L'INCONNU;

ARIETTE.

BASSE-CONTINUE.

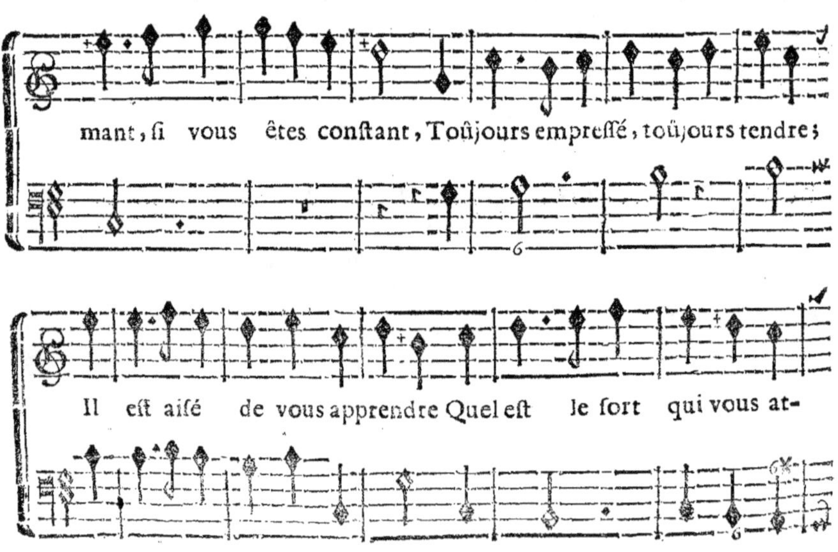

tend.
Il est aisé de vo° apprẽ̄re, Quel est le sort
Doux.
qui vous attend. Quel est le sort qui vous at- tend.

FIN.
Quel ob- jet pour-
FIN.
FIN.
Fort.
Fort.
FIN

roit se deffendre? Espe- rez, Espe- rez, Vous serez content:
Doux.
Doux.

On danfe:

Et la BOHEMIENNE chante une feconde Ariette.

ARIETTE.

L'Amour qui vo- le fur vos traces,
VIOLONS & FLUTES ALLEMANDES.
VIOLONS & FLUTES ALLEMANDES.
BASSE-CONTINUE.

L'Amour qui vo- le fur vos

traces, Ne re-   gne que dans vos beaux

ans;   L'Amour qui vo-

L'INCONNU,

Il vas'en fuir avec les graces Que vous

donne vôtre prin-tems. L'Amour qui vo- le sur vos

E

tra - ces,
L'Amour qui
vo-
le fur vos traces, Ne re-

E ij

favo- rables, Où vos yeux pourro.ēt tout charmer; Quand vous ne
serez plus aimables, Que vous servi- ra- t'il d'ai- mer?
L'Amour qui vo- - le sur vos traces,

L'Amour qui vo-   le fur vos

traces, Ne re-   gne que dans les beaux

ans.
L'Amour qui vo-

le sur vos traces, Ne re-   gne que
Doux.

BALLET.

gne que dans les beaux ans.
LES VIOLONS.
Tous.
Tous.

BALLET.

L'INCONNU,

Tous les BOHEMIENS se réünissent pour terminer cette Entrée, par de nouvelles Danses.

FIN DE LA TROISIEME ENTRÉE.

QUATRIÉME ENTRÉE.

LE THEATRE NE CHANGE POINT.

Troupes de Bergers & de Bergeres.

BERGERS,

Les Marquis de Langeron, & de Bellegarde.

BERGERE,

Melle. Guyot, danſant ſeule.

BERGERS, les S^rs. Dumoulin, & Laval.

BERGERES, M^elles. de la Ferriere, & de Laſtre.

Une Bergere, Melle. Antier, chante l'Air qui ſuit.

F ij

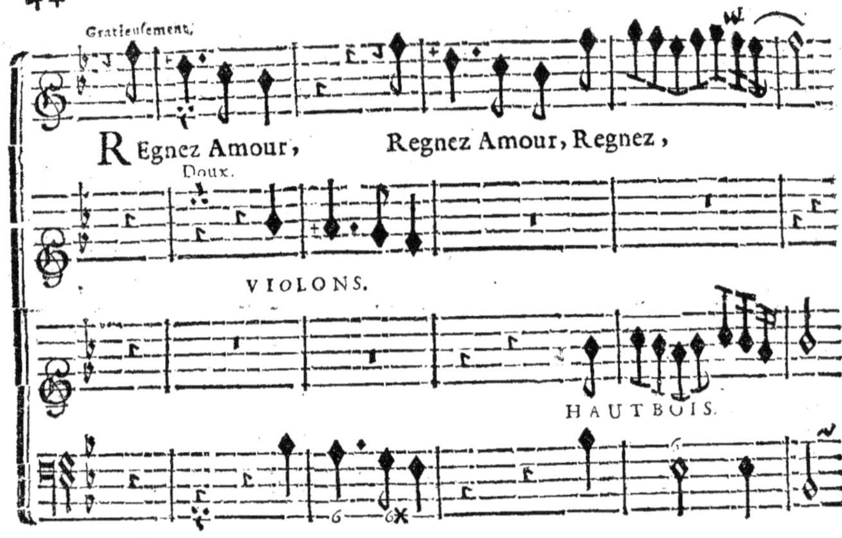
Gratieusement.
REgnez Amour,   Regnez Amour, Regnez,
Doux.
VIOLONS.
HAUTBOIS.
BASSE CONTINUE.

Regnez Amour,   Regnez,
Doux.
VIOLONS.   Doux
HAUTBOIS.
BASSE DE VIOLON,

portez par tout vos
VIOLONS.
BASSE-CONTINUE.

loix.
portez par tout vos
loix; La
Doux.
BASSE DE VIOLON,
B-C.

gloire n'a point à se plain- dre. Regnez,
Doux.
Doux.

Regnez Amour, La gloire n'a

BALLET.

point à fe plain- dre.
Allu-
mez des ardeurs que rien ne puiffe éteindre,

Les Danses continuent:

Ensuite, la Bergere chante encore l'Air suivant.

AIR.

Gay.

Fort
VIOLONS
BASSE-CONTINUE.
L'Amour s'en-
vo-
le au bruit des armes,
G

L'INCONNU,

L'Amour s'envo- le au bruit des
armes, Il aime à regner dans la paix:
Il aime à regner dans la paix: Il ne sçauroit souffrir d'al-
Doux

larmes, Que celles que causent ses traits.
L'Amour s'envo-
le au bruit des armes, Il aime à regner dans la

paix.
Il aime à re-　　gner,
Doux.
Il aime à re-　　gner
dans la paix. Il aime à regner

dans la paix.
Il se plaît au son des Musettes,
HAUTBOIS.
VIOLONS.
Il se plaît au son des Musettes, Aux chants des Bergers amoureux,
BASSE-CONTINUE.
VIOLONS.

L'INCONNU,

FIN DE LA QUATRIEME ENTRÉE.

CINQUIÉME ENTRÉE.

NOPCE DE VILLAGE.

Le Marié, M^r. Balon.   La Mariée, Melle. Provôt.

GENS DE LA NOPCE.

Berger,   le S^r. Dumoulin-4me.
Bergere,   Melle. Guyot.
Nyais,   le S^r. Marcel.
Nyaise,   Melle. Dupré.
Gentilhomme de Campagne,   le S^r. Blondy.
Dame de Campagne,   Melle. Menés.
Paysan,   le S^r. Dumoulin-2me.
Paysanne,   Melle. de la Ferriere.
Vieux,   le S^r. Dumoulin-3me.
Vieille,   Melle. de Lastre.

ENTRÉE GÉNÉRALE.

LE ROY.

Monſieur LE DUC DE CHARTRES.

Et les Seigneurs qui ont déja danſé dans la Premiere
& dans la Troiſiéme Entrée, forment de nouvelles
danſes , pour terminer ce Ballet.

FIN DU BALLET.